REVUE ARCHÉOLOGIQUE

PUBLIÉE SOUS LA DIRECTION

DE MM.

ALEX. BERTRAND ET G. PERROT

MEMBRES DE L'INSTITUT

Dr CARTON

LA *LEX HADRIANA* ET SON COMMENTAIRE PAR LE PROCURATOR PATROCLUS

PARIS
ERNEST LEROUX, ÉDITEUR
28, RUE BONAPARTE, 28

1893

N. B. — Tout ce qui est relatif à la rédaction doit être adressé à M. Alexandre BERTRAND, de l'Institut, au Musée de Saint-Germain-en-Laye (Seine-et-Oise), ou à M. G. PERROT, de l'Institut, rue d'Ulm, 45, à Paris.

Les livres dont on désire qu'il soit rendu compte devront être déposés au bureau de la *Revue*, 28, rue Bonaparte, à Paris.

L'administration et le Bureau de la *REVUE ARCHÉOLOGIQUE* sont à la LIBRAIRIE ERNEST LEROUX, 28, rue Bonaparte, Paris.

CONDITIONS DE L'ABONNEMENT

La *Revue Archéologique* paraît par fascicules mensuels de 64 à 80 pages grand in-8, qui forment à la fin de l'année deux volumes ornés de 24 planches et de nombreuses gravures intercalées dans le texte.

PRIX :

Pour Paris. Un an..........	30 fr.	Pour les départements. Un an..	32 fr.
Un numéro mensuel..........	3 fr.	Pour l'Étranger. Un an.......	33 fr.

On s'abonne également chez tous les libraires des Départements et de l'Etranger.

LA *LEX HADRIANA*

ET

SON COMMENTAIRE PAR LE PROCURATEUR PATROCLUS

J'ai publié, il y a quelques mois dans cette *Revu* [1], le fac-similé d'une inscription que je venais de découvrir à Aïn-Ouassel. Les conditions où je me trouvais alors m'empêchant d'en essayer l'étude, j'avais cru cependant devoir faire connaître sans retard cet important document.

Je m'étais contenté d'indiquer, par de rares restitutions, comme par la ponctuation et l'emploi de quelques traits séparatifs, comment, à mon avis, devaient être groupés les mots que j'avais déchiffrés, et comment chacun des paragraphes que j'avais formés correspondait à un ordre d'idées différent.

Il était prudent, pensais-je alors avec M. Cagnat, à qui j'avais soumis les réflexions que m'avait suggérées un premier examen de ce document, de ne rien affirmer au sujet d'un texte dont la lecture était si difficile, sans l'avoir longuement étudié.

Je constatais donc en quelques mots que ma découverte était un commentaire de la *lex Hadriana* appliqué, par les *procuratores* des saltus de la région, à l'administration de ceux-ci, traitant des redevances payées par les cultivateurs des terres incultes aux fermiers, et limitant leurs droits.

1. Mars-avril 1892, p. 214.

M. Mispoulet a tenté cette étude au point de vue juridique[1]. J'ai constaté avec satisfaction qu'en ce qui concerne la lecture, nous étions d'accord sur la majeure partie de l'inscription. Il n'en est pas de même de l'interprétation de celle-ci et je vais essayer d'exposer sur quoi j'étaye ma propre opinion, en insistant sur quelques points où je suis en désaccord avec le savant juriste[2].

I

Voici comment je lis l'inscription :

I. *Pro salute..... Imperatoris Caesaris Lucii Septi]mi*[3] *Severi Pi[i*[4] *et Juliae D]omnae Aug(ustae) matr[is castrorum]*[5], *aram legis divi Hadriani Patroclus, August(orum trium) lib(ertus), procurator, instituit et legem infra sc(r)iptam intulit.*

Exemplum legis Hadrianae in ara propositu(m)[6].

Sermo procuratorum.

Quod Caesar noster pro infatigabili cura[tor][7] *per quam adsidue pro humanis utilitatibus excubat.*

1. *Nouvelle Revue historique du droit français et étranger*, mars-avril 1892, p. 118 et suiv.

2. Le présent travail a été adressé à M. Perrot dans les derniers jours de novembre 1891. M. Mispoulet a depuis publié dans les *Collections du Musée Alaoui*, 1re série, p. 134 et suiv., un article dans lequel il se range à mon opinion, qu'il avait contestée précédemment, en disant que la *lex Hadriana* renferme en « germe » l'institution du colonat.

3. M. Mispoulet n'a pas lu, sur l'estampage, MI qui est très visible sur le mien et que j'ai lu également sur la pierre et sur la photographie que j'en ai prise.

4. Même observation que précédemment. Je remarque de plus que ce mot est nécessaire pour remplir l'espace qui manque.

5. Leçon de M. Mispoulet. On voit, en effet, sur l'estampage, l'extrémité inférieure de la queue de l'R.

6. Sous-entendu *fuit.* M. Mispoulet lit : *propositae,* c'est-à-dire : ceci est une copie ou un extrait de la loi d'Hadrien placée sur un autel. L'inscription nous apprend que ce qui suit est le commentaire de cette loi fait par le procurateur.

7. M. Mispoulet lit, après M. Dareste : *toro, per quam.* — J'avais pensé un instant qu'il y avait ici une transposition de syllabes, pour : *infatigabilis procurator.* Cette distraction du lapicide est due à la présence du mot *procuratorum* gravé dans la ligne supérieure.

II. *Omnes partes agrorum quas*[1] *tam oleis[quam] aliis pomariis conseruerunt,] quae in centuriis.....*[2] *is saltus Blandiani Uden[sisve*[3] *et i]n*[4] *his partibus su[nt]*[5] *quae ex saltu Lamiano et Dom[i]tiano junctae Thusdritano sunt, nec a conductoribus ex*[6] *centurisque qui occupaverint*[7] *possidendi ac frue(n)di heredique suo relinquendi id jus datur*[8] *quod et lege Ha(dria)na comprehensum de « rudibus agris » et iis qui per decem an(n)os continuos inculti sunt.*

III. *Nec ex Blandiano et Udensi [sal] saltu majores partes fruc[tuum*[9] *de centuriis quas a conduct]oribus*[10] *occupave[rit, quam ut sole]nt*[11], *quisque tertias partes dare debebit.*

1. M. Mispoulet : lit *quae... consitae sunt*, ce qui ne change, d'ailleurs, rien au sens. Voici les raisons qui me font penser qu'il ne manque ici qu'une ligne. La hauteur de la face 1 est de $0^{m},57$, celle des faces 2 et 3 de $0^{m},60$. Il n'y a certainement pas place, en haut de la première face, pour plus d'une ligne, que surmontait la corniche de l'autel. Les autres faces sont déjà plus hautes que la première. et ne peuvent guère avoir eu au-dessus d'elles qu'une autre ligne. Ma restitution n'a pas la prétention de reproduire ce qui était gravé, mais seulement celle d'en indiquer le sens.
2. M. Mispoulet lit ici : *junctis*, et en fait le synonyme de *vicinis*. On pourrait comprendre aussi : les parties qui ont été ajoutées.
3. On voit bien sur la pierre l'V et l'extrémité inférieure des trois lettres qui suivent.
4. M. Mispoulet lit : *Udensisve sunt. His partibus*. Voici ce que je vois sur la pierre et l'estampage :

VDLIN . . . . NIIS

5. *nt* n'a jamais été gravé. Il y a un espace lisse à la place.
6. M. Mispoulet suppose qu'il y a ici une lacune. Voir plus loin, p. 25, comment j'explique ce passage, sans lacune. On pourrait lire aussi : *ex centuris quas qui occupaverint*, mais aucune modification n'est nécessaire pour le comprendre.
7. Ce mot régit *partes* : *omnes partes (quas) qui occupaverint.*
8. J'ai adopté la leçon très correcte de M. Dareste, mais je la comprends ainsi : *id jus datur illis qui occupaverint a conductoribus.*
9. Il doit manquer ici une ligne dont on voit l'extrémité inférieure de quelques caractères.
10. M. Mispoulet lit : *a possessoribus*; M. Dareste et l'auteur d'un article sur ce document, paru dans le *Bull. dell' Instituto di diritto romano*, lisent avec moi *conductoribus*. Dans ce même texte il est dit que celui *qui occupaverit* n'a pas le *jus possidendi*; il est donc impossible de lire quelques lignes plus bas *possessor qui occupaverit*. D'autre part, le mot *nec* qui commence cette phrase répond au *nec* de la phrase précédente; c'est sous l'impulsion de la même idée de restriction qu'écrit le législateur : il parle toujours de celui *qui occupat a conductoribus*. J'avais pensé un instant que le *possessor* aurait pu, en dehors des *possessiones* qu'il avait, louer des terres de la *conductio* voisine, mais il devait être, dans ce cas, soumis aux mêmes lois que les *occupatorii* qui louaient ces mêmes terres.
11. *Quam ut solent*, est de M. Dareste. Il est certain que ce qu'on lit en bas

De his quoque r[.....[1] *quae] ex Lamiano et Domit[iano saltu jun]ctae Thusdritano su[(nt)..... (dare debe)]bit.*

IV. *De oleis quas quisq[ue ex possess]oribus posuerit aut oleastris [inse]ruerit captorum fructuum nullus*[3] *decem proximis annis exige-t(ur).*

Set nec de pomis septem annis proximis.

Nec alia pom(a) in divisione unquam cadent quam[4] *quae venibunt a possessoribus.*

V. *Quas partes aridas fructuum quisque debebit dare, eas proximo quinquennio ei dabit in cujus conductione agr(um) occupaverit.*

Post it tempus, rationi[5].....

II. — *Traduction.*

I *a*. Pour le salut de l'empereur César, Lucius Septimius Sé-

de la deuxième face et ce que nous connaissons du commencement de la troisième font partie de la même phrase. Le *de his quoque* qui suit nous l'indique. L'énumération des saltus continue, énumération analogue à celle qui a eu lieu précédemment.

1. M. Mispoulet lit : *reliquis*. M. Cagnat a fait remarquer qu'on lit sur l'estampage, ensuite, non pas *juncta*, mais *junctae*. J'aurais volontiers admis *partibus* si l'*r* n'était certain.

2. M. Mispoulet lit : *has partes dabit*. Je lirais plutôt un adjectif : *tertias*, *quintas* ou *quartas*. On sait que ces redevances étaient très variables (Hygin, *De limit. const.*, p. 205, 10, éd. Blume, Lachmann, Berlin, 1848). Si la redevance avait été la même que précédemment, on eût réuni en une seule phrase tous les saltus, comme cela a eu lieu plus haut, sans répéter dans un texte aussi concis le *dare debebit*.

3. Sous-entendu *fructus*. M. Mispoulet lit : *nulla (pars)*.

4. Cette lecture de M. Dareste donne un sens très clair à la phrase. M. Mispoulet émet un doute à son sujet parce que, dans ce cas, écrit-il, l'impôt ne serait pas en nature. N'aurait-on pas pu prélever, sur le lieu de la vente, la part des fruits dus à l'État?

5. M. Mispoulet lit : *rationibus Caesaris*. Je ne pense pas, contrairement à ce que j'ai écrit dans mon premier article, que le commentaire se continue sur un autre texte, car dans le cas où le document n'aurait pas été terminé ici, le lapicide eût fort probablement utilisé la quatrième face qui est lisse. Il y manque sans doute simplement un ou deux mots que le graveur n'a pu y mettre (*venient* par exemple), faute de place, et qui n'étaient pas nécessaires à la compréhension du texte, tout le monde sachant, à cette époque, ce qui advenait aux cultivateurs qui ne payaient pas leurs redevances.

vérus Pius et de Julia Domna, mère des Camps, Patroclus, affranchi des trois Augustes, procurateur, a placé un autel portant la loi du divin Hadrien, et a établi le règlement gravé ci-dessous.

b. Une copie de la loi d'Hadrien a été exposée sur un autel[1].

II. Circulaire des procurateurs.

Voici comment notre César, dans son infatigable sollicitude, veille aux intérêts de l'humanité :

1° Tous les champs plantés en oliviers et en autres arbres fruitiers qui sont situés dans les centuries des saltus Blandianus et Udensis et dans les parties des saltus Lamianus et Domitianus qui sont voisines du[2] saltus Sustritanus, tous ces champs, ni le fait d'en cultiver les centuries[3] ni celui de les tenir des *conducteurs* ne confère aux *occupants*[4] le droit de les posséder, de jouir de leurs revenus et de les léguer à leurs héritiers, droit qui est accordé par la loi d'Hadrien aux terres vierges et aux terres restées incultes plus de dix ans continus.

2° D'autre part[5], les récoltes des champs des saltus Blandianus et Udensis loués par les conducteurs aux occupants ne seront pas plus imposées que par le passé ; il en sera dû le tiers.

De même, les parties des saltus Lamianus et Domitianus voisines du saltus Sustritanus devront être imposées comme par le passé, du.....

3° Si l'un des *possessores* vient[6] à planter ou à greffer des oli-

1. Patroclus avait donné aux procurateurs des saltus l'ordre d'exposer une copie de la loi avant d'en publier le commentaire. Les procurateurs disent : Nous avons exécuté l'ordre du *procurator tractus*.

2. On pourrait aussi traduire : qui ont été enlevées de ces saltus pour être ajoutées au saltus Sustritanus.

3. *Id jus non datur ex centuris.*

4. L'expression *qui occupaverit* s'applique ici à des gens qui n'ont pas le droit de *possessio* et qui, d'après mon texte lui-même, dépendent du conducteur. Il ne peut donc être question ici de l'*occupatorius* dont parlent les *agrimensores*.

5. Le *nec* qui commence la phrase indique un rapport avec le *nec* qui précède.

6. Ces verbes, au futur, indiquent que la loi n'a pas d'effet rétroactif et que les arbres greffés ou plantés antérieurement ne seront pas exonérés. Le procurateur vise les champs des *occupatorii*. Il vient de répéter, en passant, que ceux-ci n'ont pas le bénéfice de la *lex Hadriana*, comme cela avait été dit plus haut.

viers (dans les terres vierges ou incultes[1] depuis dix ans continus), aucun des fruits qu'il récoltera durant les dix premières années ne pourra être imposé.

De même, les arbres fruitiers ne seront pas imposés durant les sept années qui en suivront la plantation ou la greffe.

En tous cas, les fruits des arbres qui ne sont pas dans le cas d'être exonérés[2] ne seront imposés que si les *possessores* les mettent en vente[3].

4° Les redevances concernant les produits *secs*[4] du sol devront être acquittées par l'*occupatorius* dans les cinq années qui suivront la récolte[5] et entre les mains du *conducteur* dont il occupe la terre.

Après ce délai, [la dette passera] au compte [de l'État][6].

III

L'objection principale que l'on puisse faire à mon interpréta-

1. L'idée de *possessores* entraîne celle de terres vierges ou incultes.

2. Les fruits d'arbres *autres* que ceux dont il vient d'être question, c'est-à-dire les arbres qui peuvent encore exister dans les vergers abandonnés et les arbres récemment plantés ou greffés quand ils seront sortis de la période d'exonération.

3. Le *possessor* ne paiera point pour les fruits qu'il emploiera pour sa consommation.

4. M. Mispoulet traduit : les redevances des terres incultes. Il semble que le procurateur eût dans ce cas employé les expressions de la *lex Hadriana* : *inculti*, *rudes*. *Aridas* veut dire ici les céréales, le foin, etc., par opposition aux *fructus humidi*: huile, vin, etc., M. Cagnat vient de me citer, à l'appui de cette interprétation, le *Cod. Théod.*, L. II, T. XXXIII, note de Godefroid : *Frugum duae species, aliae humidae, aliae arentes; humidae sunt vinum, oleum, arentes vero sunt messes, puta frumentum et quotcumque annonae genus.* — Varron, *De re rustica* : « Fructus aridus est ut faba, foenum... »

5. La traduction de *quinquennium* par bail est bien tentante, mais je m'explique difficilement que, en comprenant ainsi ce passage, le cultivateur soit exonéré durant les premières années de son bail et qu'il ne le soit point la dernière. On lui eût accordé ainsi un avantage bien minime.

6. Le procurateur, qui a la haute main dans ces questions de finances, a accordé un délai. Chacun sait bien ce qui arrivera à l'expiration de ce délai, aussi le lapicide et les procurateurs ne se sont-ils pas préoccupés de l'absence du mot ou des mots qui auraient été nécessaires pour rendre plus claire une phrase dont tout le monde devinait le sens. Le lapicide a mal calculé la surface qui lui serait nécessaire pour inscrire tout rle commentaie ; les mots qu'il n'a pu

tion, c'est l'absence de lien qui semble régner entre les divers paragraphes de ce commentaire. On peut s'étonner qu'après avoir traité des terres cultivées, le législateur passe brusquement aux terres incultes pour revenir en dernier lieu aux premières.

Mais, s'il est admis, ce qui me semble incontestable, que c'est bien un commentaire de la *lex Hadriana* et non cette *lex* elle-même que nous avons sous les yeux, ce lien, nous devons le chercher non pas en notre inscription, mais dans la loi qui en a été le point de départ.

Le procurateur Patroclus avait sous les yeux la *lex Hadriana*, et ne s'arrêtait qu'aux paragraphes de celle-ci qui avaient besoin d'être développés ou complétés.

Pour bien établir ce fait, je vais d'abord rechercher dans quel ordre a dû être rédigée la *lex Hadriana* elle-même et montrer, quand nous aurons pu entrevoir quel a été cet ordre, que les incohérences du commentaire ne sont qu'apparentes.

Le législateur qui veut faire une loi destinée à appeler le cultivateur sur des terres cultivées ou non adoptera naturellement, pour classer les articles de sa loi, l'ordre dans lequel se succèdent les différents actes de ce cultivateur, dont il va s'occuper.

Il commencera d'abord par dire de quelle espèce de terres il s'agit.

Le premier acte du cultivateur étant d'abord de s'installer sur celles-ci, il lui dira ensuite dans quelles conditions il les tiendra : à ferme, à titre de possession, à titre de propriété, etc.

Le cultivateur laboure ou plante, puis il récolte, d'où un paragraphe disant la part de cette récolte qu'il pourra conserver, et dans quels cas il pourra la conserver tout entière.

Enfin, en dernier lieu, il s'agira d'indiquer quand, à qui et où ces redevances seront payées.

Notre *lex procuratoris* devait évidemment découler d'une loi de ce genre, car, en faisant abstraction du premier paragraphe, qui ne prête guère à discussion, en ne nous occupant

graver n'ont pas d'importance; il ne s'en inquiète pas et ne pense même pas à les inscrire sur la plinthe de l'autel ou sur la quatrième face.

pas de la nature des terres ou de la catégorie des cultivateurs dont il y est question, nous voyons qu'il y est parlé : 1° du *jus possidendi,* etc.; 2° de redevances (*partes fructuum*) et d'exonérations d'impôts; 3° d'une période de cinq années durant laquelle devra être acquitté l'impôt, de la *conductio* où et du conducteur à qui il sera payé.

Ce commentaire nous indique donc tout d'abord l'ordre dans lequel était rédigée la *lex Hadriana.*

Nous pouvons, en outre, en étudiant son contenu, avoir quelques notions sur ce que disaient, sinon toutes, au moins certaines des clauses de cette loi, car le *procurator* a pu en sauter quelques-unes.

Il faut remarquer, d'abord, que la *lex Hadriana* s'appliquant suivant toute apparence (de l'avis de ceux qui ont écrit à son sujet et comme on le verra plus loin), à l'administration des domaines impériaux de toute l'Afrique (et peut-être de tout le monde romain), elle a dû forcément s'en tenir aux grands traits, et exposer simplement des principes qui devaient être appliqués différemment suivant les coutumes locales et la richesse, la nature du sol, le climat de propriétés très éloignées les unes des autres. L'empereur avait posé la règle, le *procurator tractus* était chargé de l'appliquer[1].

Le procurateur, ayant sous les yeux la *lex Hadriana*, a décidé ce qui suit :

1° La loi accorde à ceux qui cultivent des terres vierges ou incultes depuis dix ans continus le *jus possidendi, fruendi heredique suo relinquendi*, mais elle n'est pas applicable aux *occupatorii* qui louent des terres affermées par les conducteurs[2].

2° Comme par le passé, ils devront le tiers de la récolte ou le...

1. D'où la coutume, quand il s'agit d'appliquer le texte de cette loi, d'en placer une copie auprès du nouveau règlement, comme cela a été fait ici (et au saltus Burunitanus : *ut capite legis Hadrianae, quod supra scriptum est*).

2. Les *occupatorii* ont pu croire que, par suite de la nouvelle constitution que l'on donnait au groupe agricole ainsi formé, on traiterait comme des *possessiones* les terres qu'ils cultivaient et que peut-être ils avaient défrichées; le procurateur leur refuse ce droit.

3° L'empereur Hadrien a dit ensuite, dans sa loi, que ceux qui planteraient ou grefferaient des arbres fruitiers seraient exonérés d'impôts. Voici dans quelles conditions cette clause sera appliquée au groupe d'Aïn-Ouassel : Si l'un des *possessores* vient à planter, etc. [1].

4° La loi d'Hadrien dit dans quelles conditions seront acquittées les redevances des terres vierges ou incultes. Voici comment le seront celles des terres cultivées : Ces redevances, etc. [2].

Je vais essayer, dans le tableau ci-dessous, en mettant en regard la *lex Hadriana* et son commentaire, de montrer de quelle façon l'un et l'autre pouvaient être lus, à Aïn-Ouassel, par les cultivateurs des saltus.

Lex Hadriana.	*Lex Procuratoris* [5].
La présente loi s'applique aux terres vierges. Elle sera, en outre [3], appliquée aux champs qui, durant dix ans continus, n'auront pas été cultivés [4].	Le bénéfice que confère cette loi ne sera pas étendu aux terres des saltus Blandianus et Udensis et aux parties des saltus Lamianus et Domitianus voisines du saltus Sustritanus qui renferment des oliviers et autres arbres fruitiers en rapport.
Ceux qui défricheront ces terres auront, sur elles, le *jus possidendi, fruendi, heredique suo relinquendi.*	Ces terres en rapport n'auront pas, par conséquent, les droits conférés aux terres vierges ou incultes par la *lex Hadriana.*
Les redevances que paieront les *possessores* seront les suivantes :	Les redevances dues par les *occupatorii* des saltus Blandianus et Udensis seront donc, comme par le passé, d'un tiers. Celles que devront les parties

1. Voir plus haut la traduction, § 3.
2. Voir la traduction, § 4.
3. L'expression *et eis* indique bien que c'est par extension que ce paragraphe qui traite des terres vierges a été appliqué aux terres incultes.
4. Il semble, d'après cet article, que les terres n'appartenant pas à l'État et que leurs propriétaires ne pouvaient cultiver ont fait retour au premier. C'est ce qui explique peut-être que certaines parties des saltus Lamianus et Domitianus (qui avaient antérieurement appartenu à des membres des *gentes* de ce nom) ont été, par suite de l'abandon où les laissaient leurs propriétaires, mises au nombre des terres à livrer aux *possessores.*
5. Le commentaire du *procurator tractus* est, dans cette inscription, désigné sous le nom de *lex* : *legem intulit.*

. . . .
. . . .

Ces redevances ne pourront pas être exigées pour les arbres fruitiers avant qu'ils ne soient en plein rapport[1].

La façon dont ces arbres, une fois en plein rapport, sera imposée, sera fixée par le *procurator tractus*[3].

Ces redevances seront payées aux époques indiquées ci-dessous. En ce qui concerne les *fructus humidi*..... ... En ce qui concerne les *fructus aridi*.....

des saltus Lamianus et Domitianus voisines du saltus Sustritanus seront aussi, comme par le passé, de...

Si quelqu'un des *possessores* vient à planter ou à greffer des oliviers, ceux-ci seront exempts de ces redevances durant les dix premières années qui suivront ces opérations[2].

Les autres arbres fruitiers en seront exempts durant sept ans.

Les fruits des arbres en plein rapport ne seront imposés que quand ils seront mis en vente[4] par le *possessor*.

Pour les redevances des produits *secs* du sol, un délai de cinq ans est accordé aux *occupatorii*[5], qui les verseront entre les mains de leur conducteur. Après ce délai, la dette passera au compte de l'État.

IV.

Pour tâcher de saisir *quelle influence* la loi d'Hadrien a eu sur le développement de l'agriculture dans les domaines impériaux et de quelle façon elle a été appliquée, je vais montrer dans quelles conditions le *procurator Augustorum* Patroclus a édicté son commentaire.

On sait que quatre-vingts ans avant que ce fonctionnaire eût été amené à doter le centre agricole d'Aïn-Ouassel d'un règle-

1. La *lex Hadriana* ne fixant pas, comme je l'ai montré plus haut, l'époque à aquelle ces arbres seront imposés, c'était au procurateur d'indiquer, dans chaque contrée, à quel âge ils seraient considérés comme étant en pleine production.

2. On sait que l'olivier n'est, en effet, en plein rapport qu'à partir de la dixième année.

3. Conformément aux coutumes locales ou en tenant compte de la fertilité, de la nature du sol, etc.

4. Le procurateur laisse au *possessor* le droit de prélever d'abord la partie de ces fruits nécessaire à sa subsistance.

5. Il s'agit des terres cultivées. Le procurateur règle ou change la façon dont seront désormais perçues les *partes* dans le groupe agricole nouvellement constitué.

ment, l'empereur Hadrien avait visité l'Afrique. Dans ce voyage, comme dans ceux qu'il fit à travers tout l'empire, il avait dû être frappé de la grande quantité de terrains en friche qu'offrait celui-ci.

Il y avait, entre autres, tous ces domaines, ces *possessiones* que Néron avait confisqués soixante-dix ans auparavant et que les empereurs se sont ensuite occupés à mettre en rapport [1].

L'*ager provincialis* était dans des conditions analogues à celles de l'*ager publicus* et l'on sait que l'État reprit aux anciens *possessores*, en Italie, des terres qu'ils détenaient en vertu d'une situation établie depuis de longues années et qui leur en donnait sinon la propriété, du moins la *possessio*.

Columelle nous apprend aussi que, de son temps, de nombreux terrains restaient incultes par suite de l'impuissance où étaient les cultivateurs de les mettre en exploitation [2].

Cet état de choses qui durait depuis longtemps, Hadrien, avec cette activité qui le poussa à ne négliger aucun des moyens de faire prospérer l'empire, voulut le faire disparaître. Il promulgua donc une loi dont les conséquences devaient être éloignées, mais durables.

Pour attirer les bras sur ces terres incultes, il dut offrir aux cultivateurs de grands avantages. Le droit de *possessio* avait été, comme je l'ai dit, attaché à ces terres que les premiers occupants détenaient et qui, par suite d'un long usage, étaient considérées comme leur propriété de fait, sinon de droit [3]. Le législateur, appliquant cette vieille coutume, décida que le *jus possidendi* serait donné à ceux qui viendraient à cultiver les terres en friche.

Sous le règne de Septime Sévère, il y avait, dans les environs

1. Bruns, *Fontes juris romani antiqui*, p. 281.
2. Esmein, *Journal des savants*, 1880, p. 698.
3. Giraud, *Recherches sur le droit de propriété chez les Romains*, t. I, p. 189; Festus : *Possessiones appellantur agri late patentes privatique, quia non mancipatione, sed usu tenebantur, et ut quisquam occupaverat collidebat.*

d'Uci Majus, des saltus qui, malgré le voisinage de cette colonie, déjà ancienne cependant[1], n'avaient pu être défrichés[2].

Le *procurator* Patroclus décide d'y attirer les colons, et pour cela, il prend les saltus Blandianus et Udensis qui sans doute étaient à peu près incultes et réunit à ceux-ci les parties peu cultivées des saltus Lamianus et Domitianus auxquelles la loi d'Hadrien *de rudibus agris* était plus spécialement applicable. Il rédige enfin un commentaire destiné à réglementer l'application de cette loi aux terres en friche du groupe ainsi formé[3].

Une vaste surface de terrains sur lesquels on appelle les cultivateurs, et auxquels on offre, s'ils veulent les défricher, la possession du sol, c'est un *centre agricole* que l'on va constituer, et ces champs donnés par l'État au colon ont la plus grande analogie avec nos *concessions.*

Le *procurator tractus* communique à ses subalternes, les *procuratores saltus*, la réglementation dont il a doté ce centre, et il leur donne l'ordre de la placer dans le ou les villages en formation en l'accompagnant d'un exemplaire de la loi qui a servi de base au commentaire.

Les *procuratores saltus* exécutent son ordre. C'est un de ces *sermones procuratorum* que j'ai trouvé sur la place d'un village[4].

L'appel de Patroclus a-t-il été entendu? Les nombreuses ruines

1. Elle avait été fondée par des vétérans de Marius: Tissot, *Géog. comp. de de l'Afrique rom.*, II, 359.

2. Varron, *De lingua latina*, V, 36: *Quos agros non colebant, propter silvas.* La description de cet auteur est évidemment applicable aux contrées qui n'avaient pas encore été, bien plus tard, livrées à la culture.

3. Le procurateur a réuni ensemble toutes les parties en friche de la contrée afin de pouvoir leur appliquer, non pas la *lex Hadriana* qui s'étendait à toutes les terres de cette catégorie, mais un commentaire de cette loi qui leur fût propre, basé sans doute sur les conditions de sol et de climat spéciales à la contrée, et peut-être sur des coutumes locales.

4. C'est dans un espace rectangulaire, où ne se voit aucune trace de constructions qu'était, en effet, cette inscription quand je l'ai découverte. Trois des côtés de ce rectangle sont formés, à une distance de 20 à 30 mètres, par les restes d'habitations; le quatrième côté s'incline, en pente douce, vers la vallée.

La pierre était encore en place, reposant sur lit de maçonnerie, et il est bien possible que la *lex Hadriana*, si elle a été également placée là et gravée sur la pierre, ne soit pas loin. Malheureusement la fosse d'où j'ai extrait le *Sermo pro-*

qui couvrent le pays le donnent à penser. Ce sont, entre autres, les restes d'un aqueduc qui amenait l'eau de la source de ce village même jusqu'à des citernes placées auprès des *praedia Pullaenorum*, les beaux vestiges d'édifices que l'on voit près de là, à Henchir-Chett, enfin, les restes de villages que l'on trouve aux abords des nombreuses sources qui jaillissent dans les vallons. Les anciens pressoirs, fréquents sur les collines voisines, actuellement dénudées, nous indiquent que le *possessor* y a planté ou greffé des oliviers dont les descendants rabougris que l'on voit encore nous donnent un peu une idée de ce qu'était le pays à l'époque de Septime Sévère, avant sa colonisation.

V

La « lex Hadriana ».

J'ai dit plus haut dans quelles circonstances cette loi a dû prendre naissance, et je ne reviendrai pas sur ce point.

La *lex Hadriana* dont il est question ici est-elle la même que celle que citent les colons du saltus Burunitanus?

D'après la table de Souk-el-Khemis, cette dernière traitait de redevances agraires et de corvées qui sont complètement omises dans mon document. D'autre part, le chapitre (*kaput*) de la loi d'Hadrien invoqué par les colons de ces saltus s'occupe de terres cultivées et non en friche, et ces dernières relèvent du conducteur.

Ce ne sont donc point des *possessiones*.

Suivant toute probabilité, elles étaient habitées par des cultivateurs du même genre que les *occupatorii*, dont il est question dans l'inscription d'Aïn-Ouassel [1].

curatorum était peu profonde et après quelques labours, son emplacement ne sera plus visible.

1. Nous apprenons, par suite, que ces derniers étaient régis par le chapitre de la *lex Hadriana* citée dans le saltus Burunitanus, et, par conséquent, soumis à des corvées qui étaient : *binas aratorias, binas sartorias, binas messarias operas*, etc.

On est en droit de se demander comment le même nom de *lex Hadriana* était donné à deux documents paraissant de prime abord différents, dont l'un s'occupait des terres cultivées par les *possessores*, et l'autre des *conductiones*.

La réponse à cette question se trouve dans la ligne 4 de la colonne III de la table de Souk-el-Khemis. On entendait par cette expression de *lex Hadriana* non seulement celle-ci tout entière, mais encore une de ses subdivisions, à laquelle, dans le texte du saltus Burunitanus, on donne le nom de *kaput*, mais qui, dans celui d'Aïn-Ouassel, est désignée sous la seule dénomination de *lex*.

La *lex Hadriana* nous apparaît donc comme une œuvre vaste, divisée en chapitres et s'occupant au moins de l'administration des domaines impériaux.

Nous savons, d'une façon plus ou moins précise, de quoi traitaient deux de ces chapitres : l'un s'occupait des redevances des *occupatorii*; l'autre traitait de la mise en culture et de l'exploitation des terres en friche.

Cette loi, qui s'appliquait à des contrées différentes par le sol, le climat, les produits ou les coutumes, était forcément concise et ne posait que des principes généraux. Les détails de son application étaient confiés aux *procurateurs*[1] des *tractus*.

Les saltus.

Le *tractus Karthaginiensis* était subdivisé en *saltus*. Les saltus Blandianus et Udensis étaient de ces subdivisions. Je ne sais si les trois autres qui sont mentionnés par mon inscription étaient ou non des propriétés de l'État[2].

Ces saltus, régis par un procurateur, comprenaient des terres cultivées, *conductiones*, affermées à un conducteur, qui les louait

1. Les *litterae* des procurateurs du saltus Burunitanus, comme le *sermo* de ceux d'Aïn-Ouassel, sont deux exemples de cette application.

2. A titre de curiosité, je note en passant qu'il existait sous Sévère Alexandre un *procurator saltus Domitiani* en Achaïe, cf. *C. I. L.*, III, 649.

à des occupants, et des terres en friche, relevant directement du procurateur et destinées à devenir des *possessiones*[1]. Il est probable qu'en outre de ces deux sortes de terrains, les *saltus* renfermaient des enclaves qui étaient de véritables propriétés. Telles étaient sans doute les *praedia Pullaenorum*[2], dont j'ai retrouvé à 1,500 mètres d'Aïn-Ouassel l'entrée constituée par une porte cintrée, donnant sur une voie de grande communication allant de *Thubursicum bure* à *Uci Maius*.

Je signalerai enfin une erreur commise dans les considérations que j'ai émises dans mon premier article au sujet de la position des saltus. Par ce qui précède, on voit que le saltus Sustritanus, qui ne faisait point partie du centre agricole d'Aïn-Ouassel, ne devait point être voisin des saltus Blandianus et Udensis, qui, au contraire, devaient être contigus aux saltus Lamianus et Domitianus. Cette explication concorde mieux avec ce que nous savons sur la position du premier de ces domaines, qui devait être aux environs de Sustrus, dont les ruines sont à environ 15 kilomètres d'Aïn-Ouassel.

Les administrateurs des saltus.

A l'époque de la formation du centre agricole d'Aïn-Ouassel, les *procuratores saltuum* avaient à leur tête le *procurator tractus Karthaginiensis*, Patroclus, un des successeurs de Tussanius Aristo [3] et de Provinciale [4].

Deux d'entre eux étaient des affranchis, ce qui indique qu'il n'était pas rare de voir des hommes de cette condition prendre le rang équestre et arriver à cette haute fonction.

1. Il est fort possible qu'à côté des *conductiones*, le saltus Buruuitanus renfermait aussi primitivement des *possessiones*.
2. On doit considérer cependant que ce domaine a pu être constitué ultérieurement et que c'était peut-être une *possessio* qui a dû son origine à la *lex procuratoris*.
3. Table de Souk-el-Khemis.
4. *C. I. L.*, t. VI, n° 790.

Le *procurator tractus* avait le droit de légiférer, et le devoir de trancher les différends qui survenaient entre ses administrés.

Les *procuratores saltuum* qui jouent le principal rôle dans le texte du saltus Burunitanus ne nous apparaissent ici que comme les exécuteurs des instructions de leur chef.

Les conducteurs.

Le *conducteur* loue les terres qu'il a affermées à des cultivateurs qui ont la qualité d'*occupatorii*. Il perçoit dans la *conductio* les impôts de l'État.

Il n'est écrit nulle part dans les deux textes dont il vient d'être question que le conducteur ait affaire aux *possessores*, même pour la perception des *rationes* impériales.

Les cultivateurs.

Les colons du saltus Burunitanus, comme les *occupatorii* des saltus de la région d'Aïn-Ouassel, cultivaient des terres de rapport, qu'ils louaient au conducteur. Ils payaient une redevance en nature (*partes fructuum, agrariae*) et étaient astreints, de par la *lex Hadriana*, à certaines corvées. C'étaient des hommes libres et qui, comme je le pense avec M. Mispoulet, ne passaient pas certainement de contrat avec le *conductor* ou l'État. Enfin, et comme le fait très justement remarquer le savant juriste, quoique rien dans la loi n'attache le cultivateur au sol qu'il exploite, il est probable qu'il devait rester de longues années et même se fixer sur celui-ci. Or, quels sont les traits qui caractérisent les colons des législations ultérieures : « ils sont libres et non pas esclaves, ils sont cultivateurs sans contrat; ils sont enfin de fait, sinon de droit, cultivateurs à perpétuité [1]. »

Il s'en faut de peu que nos *occupatorii* ne soient dans ces conditions. Il est très possible qu'après plusieurs générations pas-

1. Fustel de Coulanges, *Recherches sur quelques problèmes d'histoire*, 1885, p. 41.

sées dans la même *conductio* ils soient devenus les *coloni* du Code de Justinien, et que ce qui avait été d'abord un droit pour eux se soit transformé alors, par la force d'une longue coutume, en une obligation.

La chose est possible, mais nous allons voir en ce qui concerne les *possessores* que ceux-ci ont dû bien plus sûrement aboutir à la condition de *coloni*.

Ils sont libres, on le sait, et n'ont pas non plus de contrat, puisqu'ils ont le *jus possidendi*; enfin, et c'est ce qu'il y a de plus important[1], ils peuvent léguer la terre à leurs héritiers.

Que, pour plusieurs raisons, dont la plus active a été les dévastations causées par les guerres, intestines ou religieuses, au IVe siècle, le *possessor* n'ait pu payer à l'État les redevances qu'il lui devait[2], force a dû être au procurateur, qui ne pouvait rien gagner à poursuivre un homme déjà misérable, de remettre à l'année suivante l'époque du payement de la dette.

Cette situation alla certainement en s'aggravant à mesure que le désordre et les troubles augmentèrent dans l'empire. Les fils des *possessores*, en héritant de la terre léguée par leur père, héritaient forcément de ses dettes. D'autre part, ils ne pouvaient quitter celle-ci, où étaient leur maison, leurs instruments de labour et leur famille. Ils acceptèrent donc la situation.

Quand deux ou trois générations eurent ainsi accumulé leurs obligations, les cultivateurs furent à la merci de l'État. Si quelque chose subsistait de leur ancien *jus heredi relinquendi*, c'était plutôt l'hérédité de la dette que l'hérédité de la terre et l'on peut

1. Ne pourrait-on aussi faire ce rapprochement que la *possessio* était une propriété *de fait*, non *de droit* (Giraud, *loc. cit.*), et que, de même, le cultivateur l'était également à perpétuité, *de fait* sinon *de droit* (Fustel de Coulanges, *loc. cit.*)? Ces rapports ne nous montrent-ils pas comment l'absence d'un contrat consacrant la *possessio* eut pour résultat que ce qui, au début, était à l'avantage du cultivateur, tourna contre lui?

2. En certains cas il a pu être forcé de garder, pour son existence, la part de la récolte qui revenait à l'État (on a vu qu'un article de la *lex procuratoris* avait prévu le cas où le cultivateur n'aurait pas eu une récolte suffisante en n'imposant point ce qui était nécessaire à sa consommation : cela prouve que la *lex Hadriana* ne contenait point une clause semblable).

donc appliquer au *possessor*, en la renversant, la formule de Fustel de Coulanges : « S'il tient la terre, la terre le tient [1]. »

Il faut remarquer que précisément l'époque où l'on voit le colonat nettement constitué est celle des luttes intestines que j'ai signalées, et qui ont pu parfaitement en activer le développement.

On voit donc que si la *lex Hadriana* n'a pas institué le *colonat*, elle devait forcément y conduire, étant données les circonstances impossibles à prévoir, c'est-à-dire les temps malheureux de la fin de l'empire, qui changèrent les conditions où était le cultivateur à l'époque de sa promulgation. On peut donc la considérer comme le premier document connu auquel on puisse attribuer la formation du colonat.

Le *possessor* paraît avoir été réellement et au point de vue juridique comme au point de vue physique, l'ascendant du *colonus*. Il est très possible, je l'ai dit, que l'*occupatorius*, par un phénonomène que l'on saisit facilement et que j'ai exposé, ait pu, lui aussi, devenir colon. Le colonat doit être considéré comme l'aboutissant des différentes situations juridiques dans lesquelles les cultivateurs des siècles précédents se sont trouvés [2].

L'empereur Hadrien ne pouvait, à l'époque si prospère des Antonins, prévoir les conséquences lointaines qu'aurait eues son œuvre. Celles-ci n'enlèvent rien à l'admiration que doit inspirer la sollicitude qu'il a montrée pour le colon qui acceptait le pénible labeur de défricher les terres des *saltus* et pour l'habileté avec laquelle il sut accroître ainsi les revenus de l'État.

La loi devait s'appliquer à des contrées aussi étendues et aussi différentes les unes des autres que les provinces de l'empire romain

1. *Loc. cit.*, p. 117.

2. Il faut remarquer que, par un retour curieux, ce nouvel état du cultivateur dérive du très ancien droit de la *possessio*, droit sinon ressuscité du moins remis en vigueur et appliqué d'une façon un peu différente par l'empereur Hadrien aux terres en friche des saltus. Il y avait des colons de diverses catégories correspondant sans doute à la qualité ancienne du cultivateur (*Cod. Just.*, XI, 48, *coloni cujusque conductionis*). — Fustel de Coulanges, *loc. cit.*, p. 23, dit aussi : « Le fermage et le colonat étaient deux situations toutes voisines, bien que fort différentes. Passer de l'une à l'autre était la chose la plus facile et la plus commune. »

ou tout au moins à la province d'Afrique, qui, de son littoral aux solitudes du désert, présente un sol, un climat, des cultures d'une excessive variété.

Le législateur a su donner à son œuvre l'élasticité nécessaire pour la rendre partout applicable, la précision suffisante pour qu'elle pût être adaptée à des conditions très différentes.

Nous essayons, à notre tour, de rendre à l'Afrique sa prospérité d'autrefois et d'y créer, comme Hadrien, des centres agricoles, à l'aide de concessions.

On pourrait sans aucun doute, pour atteindre ce but, s'inspirer d'une loi qui a fait ses preuves, puisqu'elle a contribué à la richesse de ce pays, attestée par les vestiges de tant de villes et de si beaux monuments.

Il existe, dans les lois qui régissent la Tunisie, des clauses d'exonération qui sont peut-être, elles aussi, les restes de la *lex Hadriana*, car elles ont avec elle plus d'un rapport.

En les développant, en les faisant revivre comme nous ressuscitons les antiques cités, nous arriverons à rendre à l'Afrique une prospérité qu'elle a due au législateur romain.

Dr CARTON,
Médecin militaire.

ANGERS, IMP. A. BURDIN ET Cie, 4, RUE GARNIER.

MÉMOIRES PUBLIÉS PAR LES MEMBRES DE LA MISSION ARCHÉOLOGIQUE FRANÇAISE AU CAIRE

TOME I

PREMIER FASCICULE : U. BOURIANT. Deux jours de fouilles à Tell-el-Amarna. — V. LORET. Le tombeau de l'Amxent Amen-Hotep. — U. BOURIANT. L'église copte du tombeau de Déga. — V. LORET. La stèle de l'Amxent Amen-Hotep. — H. DULAC. Quatre contes arabes en dialecte cairote. — V. LORET. La tombe de Kham Ha.

In-4°, avec planches noires et en couleur. 25 fr.

DEUXIÈME FASCICULE : G. MASPERO. Trois années de fouilles dans les tombeaux de Thèbes et de Memphis. — U. BOURIANT. Les papyrus d'Akhmim. — V. LORET. Quelques documents relatifs à la littérature et à la musique populaires de la Haute-Egypte.

In-4°, avec 9 planches en couleur, 2 planches noires, 40 planches de musique. 40 fr.

TROISIÈME FASCICULE : U. BOURIANT. Rapport au Ministre de l'Instruction publique sur une mission dans la Haute-Egypte (1884-1885). — P. RAVAISSE. Essai sur l'histoire et sur la topographie du Caire, d'après Makrîzi (Palais des Khalifes Fatimites). Avec plans en couleur. — PH. VIREY. Etude sur un parchemin rapporté de Thèbes. Avec une héliogravure du papyrus en 4 planches.

In-4°. 30 fr.

QUATRIÈME FASCICULE : LES MOMIES ROYALES DE DEIR-EL-BAHARI, par G. MASPERO.

In-4°, avec 27 planches. 50 fr.

TOME II

LES HYPOGÉES ROYAUX DE THÈBES, par E. LEFÉBURE. 1re partie. Le tombeau de Séti Ier, publié in-extenso avec la collaboration de U. BOURIANT et V. LORET, membres de la Mission archéologique du Caire et avec le concours de M. ÉDOUARD NAVILLE.

In-4°, avec 27 planches. 75 fr.

TOME III

PREMIER FASCICULE : LES HYPOGÉES ROYAUX DE THÈBES, par E. LEFÉBURE. 2e partie. Notices des HYPOGÉES publiées avec la collaboration de MM. ED. NAVILLE et ERN. SCHIAPARELLI.

In-4°, avec planches. 35 fr.

DEUXIÈME FASCICULE : LES HYPOGÉES ROYAUX DE THÈBES, par E. LEFÉBURE. 3e partie. Tombeau de Ramsès IV.

In-4°, avec planches. 25 fr.

TROISIÈME FASCICULE : AL. GAYET. Les monuments coptes du Musée de Boulaq. Catalogue des sculptures et stèles ornées de la salle copte du Musée de Boulaq.

Un volume in-4°, avec 100 planches, dont deux en chromolithographie. 40 fr.

QUATRIÈME FASCICULE : P. RAVAISSE. Essai sur l'histoire et sur la topographie du Caire, d'après Makrîzi (Palais des Khalifes Fatimites) 2e partie avec plans. — Supplément aux Monuments coptes du Musée de Boulaq, par AL. GAYET. — Planches supplémentaires pour les Fouilles de Thèbes et de Memphis de M. MASPERO. 20 fr.

ERNEST LEROUX, ÉDITEUR

RUE BONAPARTE, 28

TOME IV

MONUMENTS POUR SERVIR A L'HISTOIRE DE L'ÉGYPTE CHRÉTIENNE AUX IVe ET Ve SIÈCLE. Documents coptes et arabes inédits, par E. AMELINEAU.

Un fort volume in-4°. 60 fr.

TOME V

PREMIER FASCICULE : PH. VIREY. Le Tombeau de Rekhmara.

In-4°, avec planches. 40 fr.

DEUXIÈME FASCICULE : PH. VIREY. Tombeaux thébains de la XVIIIe et de la XIXe dynasties, avec planches. 40 fr.

TROISIÈME FASCICULE : G. BÉNÉDITE, BOURIANT, BOUSSAC, MASPERO, CHASSINAT. Tombeaux thébains.

Un volume in-4°, avec planches en couleur. 40 fr.

QUATRIÈME FASCICULE : Tombeaux thébains, par le P. SCHEIL. (*Sous presse.*)

TOME VI

PREMIER FASCICULE : G. MASPERO, membre de l'Institut. Fragments de la version thébaine de l'Ancien Testament. Texte copte.

In-4°. 20 fr.

DEUXIÈME FASCICULE : G. MASPERO. Suite et fin des Fragments. — SCHEIL. Tablettes de Tell-el-Amarna. — CASANOVA. Une sphère arabe. — Notice sur les stèles arabes appartenant à la Mission du Caire.

In-4°, 25 fr.

TOME VII

PRÉCIS DE L'ART ARABE, par J. BOURGOIN.

In-4°, avec 300 planches. 150 fr

TOME VIII

PREMIER FASCICULE : Actes du concile d'Ephèse, texte copte, publié et traduit par U. BOURIANT.

In-4°. 15 fr.

DEUXIÈME FASCICULE : Vie de l'Apa Victor, texte copte thébain, publié par U. BOURIANT. — DARESSY. Cônes funéraires. (*Sous presse.*)

TOME IX

PREMIER FASCICULE : BAILLET. Le Papyrus mathématique d'Akhmîm — U. BOURIANT. Fragments du texte grec du livre d'Enoch, et de quelques écrits attribués à saint Pierre.

In-4°, avec planches. 30 fr.

DEUXIÈME FASCICULE : Φίλωνος περὶ τοῦ τις ὁ τῶν θειῶν ἐστὶν κληρόνομος ἢ περὶ τῆς εἰς τὰ ἴσα κ.ὶ εναντία τομῆς. Φίλωνος πέρὶ γενέσεως Αβέλ καὶ ὧν αὐτός τε καὶ ὁ ἀδελφὸς ἱερούργουσι, Deux traités de Philon, réédités d'après un papyrus du VIe siècle environ, par V. SCHEIL, O. P.

In-4° avec 4 planches. 16 fr.

TOMES X et XI

(*En cours de publication*)

LE TEMPLE D'EDFOU, publié in extenso, par Le Mis DE ROCHEMONTEIX, avec nombreuses planches.

1re livraison. In-4°. 30 fr.

TOMES XII et XIII

(*En cours de publication*)

LE TEMPLE DE PHILÆ, par G. BÉNÉDITE, et Recueil des inscriptions grecques, par J. BAILLET.

TOME XIV

(*En préparation*)

LE TEMPLE DE LOUXOR, par A. GAYET.

TOME XV

LE TEMPLE DE MÉDINET-ABOU, par U. BOURIANT. PREMIER FASCICULE comprenant environ 50 planches. (*Sous presse.*)

TOME XVI

(*En préparation*)

LE TEMPLE DE DÉIR-EL-MÉDINEH et LE TEMPLE DE BEHENI (Wadi-Alfa), par G. BENEDITE.

ANGERS, IMP. A. BURDIN ET Cie, RUE GARNIER, 4.

www.ingramcontent.com/pod-product-compliance
Ingram Content Group UK Ltd.
Pitfield, Milton Keynes, MK11 3LW, UK
UKHW032037260826
14628UKWH00007B/3015

9 782012 867222